Expressions Untold - Moments Unfold

Roman Hindi Version of Poetry Book 'Kuch Kahi Kuch Ankahi Batein'

Raman K. Attri

A book by Rayan & Rayman Imprints

Rayan & Rayman Imprints, Singapore
Rayan-rayman@outlook.com

Copyright © 2019 by Raman K. Attri and Rayan & Rayman Imprints. All Rights Reserved.

No part of this publication may be reproduced, distributed, or transmitted in any form or by any means, including photocopying, recording, or other electronic or mechanical methods, without the prior written permission of the publisher, except in the case of brief quotations embodied in critical reviews and certain other noncommercial uses permitted by copyright law. Write to the publisher/author for seeking explicit permission for any reproduction, inclusion or usage in another publication. Provide an appropriate reference/citation to this publication when posting brief excerpts or quotations from this text on social media channels. For seeking permissions to use the poems, in full or partial, in this book in any online or printed greeting cards or merchandise, please contact the publisher at Rayan-rayman@outlook.com.

This edition is adapted from and re-written in Roman Hindi from author's book Kuch Kahi Kuch Ankahi Batein published in Hindi 2018.

ISBN: 978-981-14-0823-6 (e-book)
ISBN: 978-981-14-0824-3 (hardcover)
ISBN: 978-981-14-0839-7 (paperback)
Lead author: Raman K. Attri
Cover graphics and design by Raman K. Attri
Published by Rayan & Rayman Imprints
Published at Singapore
Printed in the United States of America

Re-written in Roman Hindi from a collection of simple Hindi poems and verses written between 1990 to 2004.

*To the bonds that needed no names -
Reshma, Monica, Mamta and
(late) Gurmeet 'gogan'*

Contents

CONTENTS	VII
THE BOOK	XI
THE AUTHOR	XV
PART ONE – JAB MAIN AKELA THA	- 1 -
«« MAIN AUR MERA SAYA »»	- 3 -
«« SAAGAR »»	- 5 -
PART TWO – JAB EK CHAHAT RAHI UNKAHI SI	- 7 -
«« JAANE KYA SAMAJH BAITHEY »»	- 9 -
«« JARORAT BAAT SHIPANE KI »»	- 11 -
«« NAZZAR »»	- 13 -
«« BAHAANA »»	- 15 -
«« BAAT KAROON YA NA »»	- 17 -
«« KAMOSH MUHABBAT »»	- 18 -
«« AASHIYANE KI BAAT »»	- 19 -
«« SAMJHA NA SAKOON »»	- 20 -
«« ZIDD »»	- 21 -
PART THREE – EK CHEHRA CHUPA THA KAHIN	- 23 -
«« EK CHEHRA »»	- 25 -
«« KOI HO HAMARA »»	- 27 -
«« KAB PEHCHANOGI MUJHE »»	- 29 -
PART FOUR – JAB TUM JO MIL GAYE THEY	- 31 -
«« PEHLEY BHI KABHI »»	- 33 -

«« TUM HI TO HO »»	- 35 -
«« DHOONDLEY BADLON KE PAAR SE »»	- 38 -
«« US PAAR BAITHI WHO LADKI »»	- 40 -
«« TUMHARA INTEZAR KARTEY HAIN »»	- 42 -
PART FIVE – JAB DIL NE JANA THA TUMKO	- 43 -
«« TERI DILKASH MUSKAAN »»	- 45 -
«« JAROORI AAP HAIN AISE »»	- 46 -
«« JADOO KAHAN SE LATI HAI »»	- 47 -
«« KHOOBSOORAT »»	- 49 -
«« USKEY CHEHREY KI CHAMAK »»	- 51 -
PART SIX – JAB PYAR TO HONA HI THA	- 53 -
«« KASHMKASH »»	- 55 -
«« AGAR WHO NA HOTEY »»	- 57 -
«« BAHUT KUCH SIKHA DETA HAI »»	- 58 -
«« TUMHARA DILDAR KHAT »»	- 59 -
PART SEVEN – JAB DOOR HUYE THEY TUMSE HUM	- 61 -
«« TUM BIN NAZAARE KAISE »»	- 63 -
«« EK DUA »»	- 65 -
«« KHOKE FIR PANE KO CHAHOON »»	- 66 -
«« JAROORI »»	- 67 -
«« EHSAAS »»	- 68 -
«« JAJBAAT »»	- 70 -
PART EIGHT – JAB TOOTNA HI THA ISKO EK DIN	- 73 -
«« SAHAARA »»	- 75 -
«« SHAAYAR »»	- 77 -
«« DEEWANE LOGH »»	- 78 -
«« MAIN KYA KAROON »»	- 79 -
PART NINE – JAB USKO JANA HI THA AAKHIR	- 81 -

«« JAAN! JA MAGAR »»	- 83 -
«« ID PAR CHAAND JAB NIKALEY »»	- 85 -
«« EK SAPNA »»	- 87 -
«« PARESHAN HOON MAIN »»	- 89 -
PART TEN – JAB SIRF YADON KA SAATH THA	**- 91 -**
«« WOH HASEEN PAL »»	- 93 -
«« TERI YADEIN »»	- 95 -
«« BUS YADEIN BAKEE HAIN »»	- 97 -
«« VARSHON BEET GAYE »»	- 98 -
«« WOH PYAR HI TOH THA »»	- 101 -
«« LAMHE »»	- 103 -
«« ABHI TAK »»	- 104 -
PART ELEVEN – JAB KASH KAHIN AISA HOTA	**- 107 -**
«« UD CHALOON BAAPIS »»	- 109 -
«« CHAR DIWARI »»	- 111 -
«« SOCHA THA MAINE »»	- 112 -
«« WOH SHAHAR »»	- 114 -
«« HUM NA SAMAJH PAYE »»	- 118 -
«« ULJHAN »»	- 120 -
«« ZINDAGI »»	- 122 -
«« NAZZAR KE CHIRAAG »»	- 123 -
END NOTE – JAB ISKO KHATAM HONA HI NA THA	**- 125 -**
«« TAMMANNA »»	- 127 -
FROM THE SAME AUTHOR	- 131 -

The book

This book is Roman Hindi version of the original book 'Kuch Kahi Kuch Ankahi Batein' published in Hindi script. This book is a collection of 58 soulful, poetic expressions written and presented in Roman Hindi script, inspired from modern generation of smart phone users, who are apt to read and type in such a way. Still the language of the book is day-to-day conversational Hindi with a tint of Urdu.

The book reflects on how any ordinary individual feels, processes and expresses the complex emotions while reacting to the successes and failures of relationships. This collection of poems narrates a range of emotions a commoner feels such as love & friendship; attraction & infatuations; belongingness & loneliness; togetherness & separation; rejections & acceptances; frustrations & angers; obsessions & passion; successes & failures; confusions and reflections; heart & mind and other powerful emotions. These poems were originally drafted between the year 1990 to 2004 which represented some eventful phases in the author's adolescence years towards the early twenties. The book is like a time machine that would allow one to reflect back at his or her innocent times some twenty years later and reliving those moments again and again.

The work presented in this book, by no means, is claimed to be of any poetical or literary standard. It is just an attempt to tell the world that a simple expression or thought if you mean to say it with all your heart, can and will become a piece of poetic expression. And more than likely it certainly becomes a soulful, poetic expression if you intended to say it but somehow could not.

The poems in the book are presented in twelve sections. These twelve sections summarize a multidimensional, multimodal, complex emotional journey of life and relationships at the most vulnerable times in life. These vulnerable times, expressed through poems in this book, stay with us forever, no matter how much we grow up in age, experience, and maturity.

Part one "Jab... Main Akela Tha" (when I was lonely) expresses what it may feel like when we are lonely.

Part Two "Jab... Ek Chahat Rahi Unkahi" (when a desire remained untold) represents the mix of emotions that we experience when we fall in one-sided love.

Part Three "Jab... Ek Chehra Chupa Tha Kahin" (when a face was hiding somewhere) is about what we may feel, imagine, hope or think about a face which is yet to reveal itself, yet to make the way to our life, making us wait which does not seem to end soon.

Part Four "Jab... Tum Jo Mil Gaye They" (when I met you) includes the expressions and mixed emotions when we finally happen to hit that first sight of the 'special person' we have been waiting for. All dreams seem to feel like about to come true.

Part Five "Jab... Dil Ne Jana Tha Tumko" (when heart got to know you) includes the poems expressing the transformation we normally feel during the love while knowing that special someone more closely when every bit of her magically existence keeps mesmerizing.

Part Six "Jab... Payar To Hona Hi Tha" (when love happened) presents the expressions that signify the changes and beautiful sense of belongingness we tend to feel when we are in love. All of a sudden, our whole surroundings and relationships appear to have transformed into a more meaningful existence.

Part Seven "Jab... Door Huye They Humse Tum" (when you went far away) is meant for those poetic expressions which express how terrible we feel when happen to be away from his/her beloved ones, even if it is for a short time. Everything seems so charmless.

Part Eight "Jab... Tootna Hi Tha Isko Ek Din" (when it was destined to hurt one day) narrates the unfortunate heartbreak sooner or later everyone feels in a relationship. Everything seems so gloomy and the end of the world appears almost tomorrow.

Part Nine "Jab... Usko Jana Hi Tha Aakhir" (when goodbye was the only choice") is an ugly inevitability that occurs in any relationship and is expressed through some heartfelt poems narrating the painful emotions one may pass through.

Part Ten "Jab... Sirf Yadon Ka Saath Tha" (when your memories remained) represents those poetic expressions that life does not stop at one place or one person. The poems narrate the phase when people, once seemingly inseparable to our life, stop existing in reality and start living in our memories and remembrances, some sweet and some bitter.

Part Eleven "Jab... Kash Kahin Aisa Hota (when wish it were so) reminds us of a range of emotions and reactions we express toward the places we belong to, things we missed the most, the mistakes we made, friends we adored, dreams we built, failures that scared us, confusions the life brought to us, and reminds us of the time when we wanted to run away from the present to seek a safe haven somewhere.

The last part "End Note" (Jab... Isko Khatam Hona Hi Na Tha" (when it became endless and timeless) concludes the book with a soulful poem given to the author by one of the special souls in his life. Though not written by the author himself the poem emphasizes the author's philosophy that love is timeless, boundaryless and unconditional.

The author

Raman K. Attri is an international management consultant by profession and an engineer by background. He is the author of over twelve books in management, leadership including few poetry and art books. The writing was his childhood interest that he continued to pursue it in various forms and shapes. During early school and college years, he wrote verses and poetic pieces for greeting cards, which eventually became poetic expressions. His artistic interests include poetry in English and Hindi, portraits, painting, and real-life short stories, several of which are being transformed into published work now.

Part One

Jab...Main Akela Tha
When... I was alone

«« Main aur mera saya »»

1999

Es shaant jagah par bhi
      Hulchal si hai mere dil mein,
lagta hai jaise dil ka chain
      kahin kho aaya hoon main.

Ajab si pyas uthi hai
      mere mann ke kone mein,
lagta hain jaise wo behta sagar
      kahin pichhe chhod aaya hoon main.

Dishayein bhi apni jagah pe
      lagti nahin es mehfil mein
lagta hai jaise koi raasta
      kahin pichhe bhatak aaya hoon.

Ek chavvi sayaa ban kar
      saath rehti hai mere hardum,
lagta hai ki khud ka saaya
      main kahin chhod aaya hoon.

Khaamosh si ek aawaaz
      kehti hai thaher ja zra yahin,
manzilein apni jagah se dekh
      kahin hilee to nahin.

Aaeene ki tarah saaf aks
      dhundhla sa padh gaya hai abhi,
haathon ke poron se chooh kar dekh
      kahin sirf ous ki boodein to nahin.

Pagdandiyon ke beech mein
      raasta gum gaya hai kahin,
raahein us manzil tak
      aur bhi to jaati hongi sahi.

∞ ∞ ∞

«« Saagar »»

6-8-1998

Aye Sagar! tum bilkul mere jaise ho,
kuchh to hai jo tujhme hain aur mujhme hai.

Teri gehraaiyan dekhkar lagta hai mujhe,
tumhi ho jise apne dil ki baatein samjha sakoon.

Tumhaari ye ufanti laherein,
kuchh aisi hi hain dil mein tamannaein mere.

Tu bhi meri tarah kitna akela hai,
door-door tak na koi tera hai, na mera hai.

Tera kabhi-kabhi aane wale thahraav ki chupiyan,
yaad dilati hain mujhe apni khamoshiyan.

Tera chandni dekhkar yoon uchhlna banta hai,
kisi ke liye, mujhe apni bekarari yaad dilata hai.

Tere paas aakar, es pal laga hain mujhe

main akela hi akela nahin, tum bhi saath hai mere.

Aye Sagar! tum bilkul mere jaise ho,
Kuchh to hai jo, tujhme hai aur mujhme hai.

Part Two

Jab... Ek Chahat Rahi Unkahi Si
When... a desire remained untold

«« Jaane kya samajh baithey »»

6-2-1993

Bekaar ise ulfat ka izhar samjh baithe
wo hans kar mile humse, hum pyar samjh baithe,
kisi cheez ki zaroorat nahin samjhi thi humne
do pal humare pehlu mein jo baithe, zindgi hum adhoori samjh baithe.

Unhone baat ki kuchh es tarah se,
dil mein unke kuchh na tha, hum kuchh aur hi samjh baithe,
kuchh sapne, kuchh khwaab, kuchh khyaal de gayi.
kuchh na dekha, bus! unhe hi apni zindgi samjh baithe.

Baat yeh nahin ki wo humari chahat na samjh paaye.
muskurate to wo hamesha es tarah se the vaise,
magar yeh to humari nasamjhi thi,
us muskaan ko mohbbat ka ikrar samjh baithe.

Mohbbat bhi ajeeb cheez hoti hai shaayad.
jab tak nahin hoti, reh nahin paate jaise,
jab ho jaaye to keh nahin paate.
bawajaha mohabbat ko zindgi ke liye itna zaroori samjh baithe.

Unke liye abhi hum kuchh bhi nahin
aur hum unhe apna " Bahut Kuchh" samajh baithe.
royein to bhla kaise, kholein to zubaan kyunkar,
darr gaye, jaane wo kya se kya samajh baithe.

∞ ∞ ∞

«« Jarorat baat shipane ki »»

6-1-1993

Koi apna fsana kahega kya
Kisi ko fursat kahan hai sunane ki,
pal-bhar ki daastan apni nahin,
badi muddat chahiye sunune aur sunaane ki.

Hum yoon hi tanha rehna chaahenge ab,
chahat nahin ab kuchh kehne ki,
sab kuchh sehne ke aadi hai hum,
par aadat nahin aansoon bahaane ki.

Yeh dard nahin baanta ja sakta
yah cheez nahin hai lutaane ki.
ek tere chehre par muskaan chahiye,
parwah nahin zamane ki.

Chahta tha jin par likhna main
daastan main ek prem-kahani ki,
taqdeer ne likh dee inn pannon ki,
tadveer hamesha khaali rahne ki.

Bus ek taqat chahiye
dabi baat ko chhupane ki.
jise kehne ko kabhi
zaroorat thi humein ek bahaane ki.

∞ ∞ ∞

«« *Nazzar* »»

Sab unko dekhte hain,
sabki nazron mein wo rehte hain,
Unko khud bhi maloom nahin,
kinki nazron mein wo rehte hain.
Main unhe gali-gali kyun dhundhoon,
mujhe pta hai kahan wo rehte hain,
Bus rehne wale ko hi pta nahin,
Ke wo kiske dil mein rahte hain.

Yah masoomiyat unki
asli hai ya nakli,
Jaise kuchh pta nahin,
nadaan to aise wo lagte hain.
Aankhon mein dekhkar bhi
apni tasveer pehchan nahin wo paate hain,
Itne nadaan hai ki inn aankhon mein
apna aks dekh nahin wo paate hain.

Har raat tung karne wale,
mere sapno mein chale wo aate hai,
Aane wale ko hi khabar nahin,
wo kiske sapno mein aatey hain.

Khawabon mein to bade pyar se
bulaate hai, apna wo bnaate hai.
par hosh mein aate hi,
kyun pyare ban wo jaate hai.

Nazar mein rehne wale ko pta nahin,
wo kiski nazron mein rehte hai.

«« Bahaana »»

11-2-1995

Kabhi dard-e-sar hai unko
kabhi sila mehndi ka,
Es tarah se mil hi jaata hai unko
bahaana humaare sung na aane ka.

Do kadam saath chal hi lete shaayad,
par vaada hai uknka ghar jaldi aane ka.
Kisi bahaane se baat keh hi dete
tareeka gar aata bahaane se bahaana bnaane ka.

Naaraz bhi nahin lagte, na hi roothe se,
kar lete haunsla shaayad paas bithaane ka,
Bus agar kuchh mauka mila hota
aankhon se aankhein milaane ka.

Dekh kar humein kyon chhaa jaata hai
aalam un par preshaani ka,
Ya to nasamajh hain ya kartey hai bahaana
samajh kar bhi nadaani ka.

Yoon fisalte na kabhi ek ajnabi par,
Gar tareeka aaya hota dil bahlaane ka.

Credits: Adapted from or built upon an anonymous work from an unknown source in late 1980s.

«« Baat karoon ya na »»

14-4-1993

Yeh to hota hai humesha mere saath,
dil ki baatein meri, dil mein hi reh jaati hai.
Kai baar dil lagaata hoon,
Fir baat kehne, na kehne ki uljhan pad jaati hai.
Kabhi kisi ko fursat nahin sunune ki
aur kabhi baat adhoori hi reh jaati hai.
Kabhi halaat aise ki baat keh nahin paata,
kabhi zubaan khud hi khamosh reh jaati hai.
Shaayar har kisi baat ko likh sakta hai
lekin meri baat dil mein hi rah jaati hai.
Kabhi dil btaane se darta hai
aur kabhi btaane ki chaahat nahin hoti hai.
Jab-Jab bhi maine dil ki baat kahi
Tab-Tab mohabbat bus ektarfa hi bachti hai.

«« Kamosh muhabbat »»

3-1-1993

Jab main loghon se milta hoon
sab ka dil rakhte hoon,
par tumse shikayat hai kab se
tumhe yah btaane se darta hoon.
Teri mohabbat ki charcha,
main apne dil hi dil mein karta hoon.
es tarah din-raat phirr mahine guzre,
phir saalon mein kho jaata hoon.
Ab main bahut door ja raha hoon,
par yahi shikayat karta hoon,
Apni es khamosh mohabbat se
main tauba-tauba karta hoon.

Credits: Adapted from or built upon an anonymous work from an unknown source in late 1980s.

«« Aashiyane ki baat »»

4-1-1993

Aashiyane ki baat karte ho,
dil jalaane ki baat karte ho,
Mujhko apni khabar nahin yaaro,
tum zamane ki baat karte ho.
Saari duniya ke ranjogum de kar,
muskuraane ki baat karte ho.
Mohabbat to khushoo ki tarah hoti hai,
tum ise chhupane ki baat karte ho.
Dard kitna hai es dil se puchho,
tum hansne-hunsaane ki baat karte ho.
Vaada phir kar rahe ho aane ka,
Kyun staane ki baat karte ho.
Kehte ho bade Shaayar ho, kuchh sunao zra,
Aji! kyun roolane ki baat karte ho.

Credits: Adapted from or built upon an anonymous work from an unknown source in late 1980s.

∞ ∞ ∞

«« Samjha na sakoon »»

Aaj ka gum shaayad
byaan na kar sakoon,
Aansoon bhi pee gaye
jise pesh na kar sakoon.

Maan kar apni khata
shaayad aap ko mna na sakoon.
Aapke liye bada deedar hai
par dikha na sakoon.

Maanta hoon apna sab kuchh aapko
magar aap se manva na sakoon,
Ki hai aapne humein pehchanne mein galti,
yah samjha na sakoon.

Credits: Adapted from or built upon an anonymous work from an unknown source in late 1980s.

∞ ∞ ∞

«« Zidd »»

11-4-1993

Zameen par sitare sjaane ki zidd thi,
    humein unko apna bnaane ki zidd thi.
Laakhon ghar jla daale jisne,
    wahi aag dil mein lgaane ki zidd thi.

Unhe kab thi fursat sune jo dil ki baatein,
    humein phir bhi baatein sunaane ki zidd thi.
Hum lagte to na the kuchh unke,
    humein phir bhi unko apna bnaane ki zidd thi.

Wo har din raasta badal lete the,
    humein phir bhi har raah par Intzaar karne ki zidd thi.
Wo laakh inkaar karte rahe pyar se,
    Humein phir bhi izhaar karwane ki zidd thi.

Ek hansi bhi humare liye nahin dete the,
    Humein chaahe unke liye aansoon bahaane ki zidd thi.
Hzaaron tarah se humne baat samjhaai,
    Unhe bhi jaise na samjhne ki zidd thi.

Sahi waqt par wo chale gaye es shahar se,
    Warna humein deewangi ki hadh tak jaane ki zidd thi.
Uske baad bhi logon se murskuraate milta tha,
    Apne gum ko chhupane ki zidd thi.

Credits: Adapted from or built upon an anonymous work from an unknown source in late 1980s.

Part Three

Jab... Ek Chehra Chupa Tha Kahin
When... A face was hiding somewhere

«« Ek chehra »»

8-8-1998

Sapno ke dhundhle baadlon ke paar,
Ek chehra chamak jaata hai.

Kabhi apna sa, kabhi praya sa
Tarangon ko chhokar, bekraar kar jaata hai.

Koi to hai kahin na kahin,
Jo haathon ki lakeeron mein chamak jaata hai.

Palakon mein yaadein liye hoga,
Kahin to koi intzaar karta hai.

Ek nagma ya bheegi si gazal
Koi apne hothon se gungunata hai.

Ho paas nahin bhi par
Aas-paas hone ka ehsaas kraata hai.

Bheeni si khushboo uske badan se
Meri saanson mein ek hawa ka jhonka chura kar laata hai.

Kabhi khwaab mein aakar, kabhi khyaal mein aakar,
Mere paas aate-aate bhi kahin door reh jaata hai.

«« Koi ho hamara »»

22-8-1998

Koi ho -

    Badi-badi gehri aankhon mein,
        Ek ajab si masoomiyat liye huye,
    Chaand se roshan chehre pe,
        Hzaaron thirakti muskaane liye huye,
    Apni bholi-bhali baaton mein,
        Ajab si chanchlta liye huye,
    Apne halke saanwle rang mein,
        Roohani khubsoorati smaaye huye,
    Lambhe kaale ghane baalon mein,
        Fizaaon ki mahak baandhe huye,
    Uski har ada mein jadoo,
        Zindgi ke maayne btate huye.

Koi ho -

    Gulaab ki pankhudion jaise hothon se,
        Humara hi naam gungunate huye,
    Aur komal narm baahon ko,
        Humaare liye hi failaate huye,
    Swapnil aankhon se,
        Humara bhi intzaar karte huye,

Sooni raahon mein,
    Takti aankhon mein bechaini liye huye,
Har kadamon ki aahat mein,
    Mere aane ki tamanna liye huye,
Meri ek jhalak ki lalak mein,
    Sadiyon lambi bekarari liye huye,
Mujhe paane ki chaah mein,
    Deewangi ka aalam odhe huye.

Koi ho –

Jo Andheri sard raaton mein,
    Mere hi salone sapne dekhte huye,
Subah kiran ki laali mein,
    Mere hi wajood ki kalpna karte huye,
Apne dil ki dhadkanon se,
    Humare dil pe dastak dete huye,
Hawa ke jhonkon mein,
    Meri hi khushboo ka ehsaas paate huye,
Payal jaisi khanakti awaj mein,
    Mere dil ki tarangon ko chhedte huye,
Koi aisi ajab hasin muskuraht mein,
    Mere liye hi mohabbat liye huye,
Meri hone ke ehsaas se,
    Mujhe laakhon zindgian jeene ki tamanna diye huye.

∞ ∞ ∞

«« Kab pehchanogi mujhe »»

8-8-1998

Kuchh kehna chaahta hoon tumse,
ki kab pehchanogi mujhe tum.
Meri mahak pehchan kar,
Kab muskuraogi tum.

Kahin khushboo ki tarah
hawa mein na gull ho jaaun,
Kabhi tumhare khwaab mein
khwaab ban kar hi na rah jaaun.

Apne dil mein dhadkan ki tarah,
chhupa lo mujhko kuchh es tarah se
ki apni dhadkan ka
ehsaas bhi na rahe mujhe kisi tarah se.

Part Four

Jab... Tum Jo Mil Gaye They
When... I met you

«« Pehley bhi kabhi »»

Yaad hai mujhe ki wo tum hi to thi,
    Jiske intzaar mein saalon khoya rahta tha.
Tumhaari khushboo ka ehsaas mujhe,
    Hawa ke jhonke mein hota tha.
Tere wajood ka har subah
    Kiran ki laali mein ehsaas hota tha.
Apne dhundhle sapno mein,
    Teri dhundhli soorat ka aabhas hota tha.

Apne dil ki dhadkan mein maine,
    Teri anjaani si dhadkan sunee hai.
Tere halke saanwle rang ki,
    Roohani khubsoorati maine pehle bhi dekhi si hai.
Teri naram baahon ke aagosh ki garmi
    Shaayad! maine pehle bhi mehsoos ki hai.
Tere liye maine bekarari se bhri
    Lambi raatein khyaalon mein guzaari hain.

Teri pyari awaj ki khanak
    Payal ki tarah pehle bhi sunn chuka hoon.
Teri baaton ki mithaas, wo bholapan
    Lagta hai main inko kareeb se pa chuka hoon.

Teri badi gehri aankhon mein
      Shaayad main pehle bhi kabhi kho chuka hoon.
Ek din tumhe paane ki tamanna
      Esi mein abhi tak zindgi bitaa chuka hoon.

∞ ∞ ∞

«« Tum hi to ho »»

Tum hi to ho jo —
    Badi-Badi gehri aankhon mein
        Ek ajab si masoomiyat liye huye,
    Chaand se roshan chehre pe
        Hzaaron thirakti muskaanein liye huye,
    Apni madhur awaaz mein
        Shahd jaisi muskaan ghole huye,
    Apni bholi-bhali baaton mein
        Ajab-si chanchlta smete huye,

Utra karti thi mere khyalon ke aangan mein kabhi.

Tum hi to ho jo —
    Apne halke saanwle rung mein
        Roohani khubsoorati smaaye huye,
    Apni har ada mein jadoo
        Zindgi ke maayne btate huye,
    Gulaab ki pankhudion jaise hothon se
        Hamara hi naam gungunate huye,
    Aur komal baahon ko
        Hamare liye hi failaate huye,

Chamak jaati thi sapno ke dhundhle baadlon mein kabhi.

Tum hi to ho jo –
    Swapnil aankhon se
        Humara hi intzaar karte huye,
    Sooni raahon mein takti
        Aankhon mein bechaini liye huye,
    Meri ek jhalak ki lalak mein
        Sadiyon lambi bekarari liye huye,
    Mujhe paane ki chaah ki chaah mein
        Deewangi ka aalam odhe huye,

Khadi rehti thi mere Khawabon ki raahon mein kabhi.

Tum hi to ho jo –
    Andheri sard raaton mein
        Mere hi salone sapne dekhte huye,
    Subah kiran ki laali mein
        Mere wajood ki kalpna karte huye,
    Apne dil ki dhadkanon se
        Humare dil pe dastak dete huye,
    Hawa ke jhonkon mein
        Meri hi khushboo ka ehsaas paate huye,

Mere haathon ki lakeeron mein utar aati thi kabhi.

Tum hi to ho jo –

    Payal jaise khanakti awaz mein

        Mere dil ki tarangon ko chhedte huye,

    Koi aisi ajab hasin muskuraht mein,

        Mere liye hi mohabbat liye huye,

    Meri hone ke ehsaas se

        Mujhe laakhon zindgian jeene ki tamanna diye huye,

    Meri zindgi mein roshni

        Bikher kar andhera door bhgaate huye,

Tumhi to ho intzaar tha jiska varshon se kabhi.

∞ ∞ ∞

«« Dhoondley badlon ke paar se »»

2-2-2000

Bachpan se kan-kan piroi, smeti thi maine
Kuchh baatein, kuchh yaadein,
Kuchh sapne, kuchh tamannaein,

Ek anjaane, andekhe pyar ki chaah mein,
Sochi baatein kuchh achhi-buri,
Kuchh zid-bhri.

Jab hadh se jyada pyar karne wali ek jaan,
Jaan bunkar smaayegi dil mein,
Meri hokar bas jaayegi mujhmein.

Chaaha tha use lekar duniya main dikhaoonga,
Apne khyalon ki basti mein,
Uske pyar ke naam mein,

Socha tha jab wo pyari-si soorat
Kabhi kahin se zindgi mein aayegi,
Wo meri har kla mein chha jaayegi,

Bnaoonga kagaj par uski tasveer
Jisme armaano ka rang bhar ke,
Apne sapnon se sjake.

Jaan! ab tum sapnon ke dhundhle baadlon
ke paar se aayi ho,
Jaan se jyada pyar karoonga
Pyar se badkar chaah karoonga,

Ab mere sapne tere sapno se mil se gaye hain,
Chaah hai har gum se tumhe door rakhoon,
Teri har tamanna poori karoon.

∞ ∞ ∞

«« Us paar baithi who ladki »»

26-8-1998

Table ke us paar baithi wo ladki,
Jaani pehchani si lagi mehak mujhe jiski
      Hawa ne jo uske tann se churakar mujh tak pahonchaai thi.

Jiske halke saanwle rung mein,
Uski alaukik ujjawalta mein
      Mere sapnon mein dikhti chhavvi chamak rahi thi.

Chanchal kaali aankhon mein,
Naram patle hothon mein
      Apni-si lagti mand-mand muskaan thirak rahi thi.

Uske jaadui aakarshan ka meetha prahaar
Aur chehre pe anokha-sa nikhar,
      Antheen bechaini ko machla rahi thi.

Uski ek bharpoor nigaah ne chhed diya aise,
Dil ki tarangon ko jhanka diya jaise
      Kuchh pal ke liye to dhadkanein thum-si gayi thi.

Lga mere sapno kl chhvi yahi hai,

Bnaya gya hai mere liye, wo yahi hai,

    Varshon se mujhe jiska tha intzaar woh wahi thi.

∞ ∞ ∞

«« Tumhara intezar kartey hain »»

14-1-1993

Sooraj nikalta hai, shaam hoti,
Shaam dhal gayi to raat hoti hai.
Kisi andheri raat ko sitare chamakte hain,
Kis tarah btayein hum, kitna tumhara intzaar karte hain.

Paas nahin jab hote tum
Kya btayein kitna preshaan hote hain hum,
Na karaar hota hai, na chain hota hai
Tum bin yah pal bhi jaldi nahin karte hain.

Paas aa jaate ho tum,
Na apni khabr rahti hai, na zamane ki parwah.
Par yah waqt tab bhi bada dil-fareb hota hai,
Pal-Pal itni teji se guzarte rehte hain.

∞ ∞ ∞

Part Five

Jab... Dil Ne Jana Tha Tumko
When... Heart got to know you

«« Teri dilkash muskaan »»

1999

Tere hothon par khelti Dilkash muskaan,
    Jab udaasion ke sagar mein kho jaati hai.
Mere dil mein basne wali teri dhadkan,
    Ek anjaane-se darr se rook si jaati hai.

Phoolon ki tarah hardum khila rehne wala tera chehra,
    Jab yoon murjha sa jaata hai kuchh pal ke liye,
To yoon lagta hai ki kuchh karoon aisa,
    Saari bahaarein waapis laoon tere liye.

Kaash hoti mujhmein aisi koi baat,
    Apne hi wajood mein chhupa leta tujhko,
Sabki nazaron se, sabki baaton se
    Saare gumon se bacha leta tujhko.

∞ ∞ ∞

«« Jaroori aap hain aise »»

30-9-1998

Titli ke pankhon jaisi,
Shabnum ki boondon jaisi
      Nazuk hai mere dil ki yah baatein aise.
Phoolon ke ras ki bhaanti,
Seep ke moti ki bhaanti
      Mere mann mein soorat smaai hai aapki aise.
Chandni ka sambandh chanda se,
Khushboo ka rishta chaman se
      Mere sapne bhi jude aapse es tarah se.
Sagar ke jal se uthti laharein,
Raag ki kampan se chhidti tarangein
      Aapki ek jhalak jhanaka deti hai mujhe aise.
Jaise jeevan ke liye Jaroori hai swas,
Jaise pyar ke liye jaroori viswash
      Mere astitav ke liye jaroori hai aap aise.

∞ ∞ ∞

«« Jadoo kahan se lati hai »»

Badi-badi gahri aankhon mein
    Ajab-si sachaai jhalkaati hai.
Masoom se chehre pe,
    Saare jahan ka noor bhar laati hai.
Madhur awaj mein,
    Shahad jaisi mithaas gholti hai.
Bholi-bhali baaton mein,
    Ajab-si chanchlta dikhlaati hai.
Halke saanwle rung mein,
    Roohani khubsoorati smaati hai.

"Bta! Yeh sab tu kahan se laati hai"

Teri sachi adayein,
    Zindagi ke maayne btati hai.
Teri swapnil aankhein,
    Hzaaron sapne to piroti hain.
Mujhe pta hai sooni raahon mein,
    Deewangi se bhari nigahein takti hain.

Hothon pe tere Sadiyon lambi,
> Bechain-si muskaan thirakti hai.
Subah kiran ki laali mein,
> Kiske wajood ki kalpna karti hai.

"Bta! Tu yeh raaz sab se kaise chhupati hai"

Teri goud mein sir rakhne ka sukoon,
> Kisi apne ka apnapan jtati hai.
Tere haathon ki narmiyan,
> Mujhe sangeet ka sur sunaati hai.
Tera mujh par yoon atoot viswash dekhkar,
> Mujhe apne aap par viswash dilaati hai.
Teri baaton ki koshish,
> Mere dil ko apno ki tarah bahlaati hai.
Tere paas hone ki anubhooti bhi mujhmein,
> Laakhon jeevan jeene ki tamanna jgaati hai.

"Bta! Yeh jadoo tu kahan se laati hai"

∞ ∞ ∞

«« *Khoobsoorat* »»

1-2-2006

    Khubsoorat lub tere
        Pyari baatein karte hain jo,
    Khubsoorat muskuraht teri
        Har chehre par muskaan sja deti hai jo,
    Khubsoorat jazbaat tere
        Har kisi ka gum samajhte hain jo,
    Khubsoorat aansoon tere
        Mujh jaise insan ke liye bhi bah jaate hain jo.

    Khubsoorat aankhein teri
        Dono jahan ki gehraai hai jinmein,
    Khubsoorat ehsaas tera
        Har koi kare tere paas hone ki khwahish jis se,
    Khubsoorat chehre ki chamak teri
        Aus se dhula phool khila ho jismein,
    Khubsoorat awaz ka jaado
        Laharon-laharon moti bikhre hon jis se.

    Khubsoorat haath tere

Thaamne ki tamanna kiski nahin hogi in ko,
Khubsoorat dil tera
　　Tumse pyar karne par majboor kar deta hai sab ko,
Khubsoorat baatein teri
　　Har koi har pal sunanaa chaahta hai jin ko,
Khubsoorat hai meri jaan
　　Lafzon ki jaroorat nahin hogi jis ko.

∞ ∞ ∞

«« Uskey chehrey ki chamak »»

18-9-1999

Uske pyare se chehre ki chamak
Roshan swapnil aankhon mein chaahat,
Meethi-meethi baatein uski
Dil chhoo lene wali saadgi
Uski awaz ka jaado
Hothon pe thirakti muskaan
Uski nazdeeki ka ehsaas

    Jaise badal se Chaand jhaank raha ho,
    Jaise koi chandni raat sangeet bjaye ho,
    Jaise kahin koi sagar kinare gaaye ho,
    Jaise raat daaman se ek savera ho,
    Jaise subah kiran mein phool khila ho.

∞ ∞ ∞

Part Six

Jab... Payar To Hona Hi Tha
When... Love happened

«« Kashmkash »»

20-2-1993

Sochta hoon ki uske baare mein, kushi bahut hoti hai
    Aur kabhi zindgi adhoori-si lagti hai.
Ek meetha-meetha anand sa rehta hai
    Aur saath mein halki-halki si chubhan hoti hai.

Kabhi dil kehta hai – chhodo es mohabbat ko
    Aur kabhi ismein kho jaane ki tamanna hoti hai.
Apni jazbaat main khud bhi samajh na paya,
    Bahut der tak dil es uljhan mein dooba rehta hai.

Yah kya hai, yah kaisa ehsaas hai,
    Halki-halki si hosh, halka sa suroor hota hai.
Lagta hai – apne ander se phoot padega kuchh
    Aur kuchh ander ko behta hua hota hai.

Dil ko chain nahin usko dekhe bina,
    Raaton ko neend nahin uski yaadon mein.
Dikhe na mujhe to dil machalta rahta hai,
    Har pal, har gadi uski soorat hai khayalon mein.

Kitna sambhala tha maine phir bhi,
    Na jaane kyun fisal raha hoon uski raahon mein.
Yeh mujhe kya ho gaya hai aakhir,
    Meetha-sa ehsaas hai meri aahon mein.

Kisi nazdeeki ko, kisi apne ko,
    Sab btane ka jee karta hai kabhi.
Mohabbat hoti hai aisi bus suna tha,
    Par nahin suni thee ki meethi hoti hai kabhi.

Yah sab kyun aisa lag raha hai mujhe,
    Yah sach hai ya mera wahm hai abhi.
Chhinn ke le gaya kaun meri sabro-karari,
    Bekarari tujhe a dil! Aisi to na thee kabhi.

Haan shaayad! yah hai pyar aur saath deewangi mere,
    Yah na ektarfa hai na dotarfa, uljhan mein pad gya hoon.
Ese dosti hi rehne doon ya mohabbat ka naam de doon,
    Ajeeb si kashmkash mein pad gya hoon.

∞ ∞ ∞

«« Agar who na hotey »»

Shaayad ab tak gumnaami ki zindgi mein bsa hota,
    Gumnaam hi bna rahta, agar wo na hote.
Abhi tak to aansuon ke samunder mein doob hi chuka hota,
    Agar majhdhar par wo khade na hote.

Dekhkar unki taraf ek sukoon sa dil ko milta hai,
    Dil mein gum hi bsaye hote, agar wo na hote.
Bahut kuchh khoya hai maine uski chaahat mein,
    Magar yah sab bhi paya na hota agar wo na hote.

Gum nahin ki unki khaatir apno ko khoya,
    Shaayad, mere apne bhi mujhe itna apna na bnaye hote.
Koi to dil ke kareeb hai apnon se jyada,
    Kisko haal-e-dil sunaate, agar wo na hote.

Zindgi bhri-bhri lagti hai, har cheez hasin,
    Zindgi khaali-khaali si rehti, agar wo na aate.
Humko to "Deewane" ka khitaab bhi na milta, agar wo na hote.

∞ ∞ ∞

«« Bahut kuch sikha deta hai »»

4-1-2000

    Kuchh to hai isme
Jo hansne hunsaane wale ko bhi, humdum ki yaad mein
      Aansoon bahaana sikha deta hai.
Phir unhi udaas chehron ko roshan kar,
      Khilkhila kar hansna sikha deta hai.

    Kuchh to hai ismein
Jo zindgi ka bahut se matlab, bahut se ehsaas
      Ek pal mein samjha deta hai.
Khud ke wajood ko bhulakar, khuda par
      Aseem viswash dila deta hai.

    Samjha na tha inn baaton ko kabhi
Ab pta chla hai mujhko, pyar ka ehsaas
      Bahut kuchh sikha deta hai.

∞ ∞ ∞

«« Tumhara dildar khat »»

8-2-1993

Yaad hai mujhe abhi bhi, tumhara dildaar khat mila,
Khushi ke aansoon bahte rahe, unse khat hua geela-geela.

Ab se pehle wo sab khyaalon mein hi tha,
Zindgi ki khushi ke armaano mein hi tha.

Khat pad kar mujhe ek naya ehsaas mila,
Kabhi hunsaata, kabhi roolata tera salam mila.

Jitna pyar likha tha, use dil mein smaate hi reh gya
Kitna khyal hai tumhe mera, yah sochte hi reh gya.

Khat mein tumne kuchh shikve, kuchh pyar likha,
Ek nayi khushi, nayi tamanna ka izhaar likha.

Yaki nahin ki itna pyar sambhaal paaunga main,
Pta nahin badle mein itna pyar de paaunga main.

∞ ∞ ∞

Part Seven

Jab... Door Huye They Tumse Hum
When... You went far away

«« Tum bin nazaare kaise »»

13-7-2000

Jhar-jhar bahte jharnon mein
      Sunta hoon main teri hi khanakati awaaz.
Ehsaas mere paani ke sung-sung bahte hain
      Tujh tak pahunchne ki tamanna mein.

Sakhat pathron ke beech mein
      Khojta hoon main teri komal yaadein.
Har pal teri yaad mein khoya
      Teri doori ke ehsaas mein.

Khubsoorat-si baadiyon mein
      Lagti hai feeki har cheez mujhko.
Nahin dikhta jab mujhe
      Tera pyara-sa chehra in mein.

Aake kehte hain mere kaano mein
      Thandi hawaon ke jhonke mujhse.
Bta to teri pyari jaan kahan hai
      Es suhaane mausam mein.

Saumay geeli si mitti mein
        Dhoondhta hoon tere hi badan ki khusboo mein.
Wahi dher sara pyar
        Tere narm meethe hothon mein.

        Pahaadi baadiyon mein
            tip-tip karti yah baarish.
        Ehsaas dilaati hai kyun paas nahin
            Tum mere es pal mein.

Mulayam bichhono mein
        inn aankhon mein neend kahan.
Khojta hoon teri baahon ka haar
        es tanhaai ke aalam mein.

∞ ∞ ∞

«« Ek dua »»

4-1-2000

Kyun hota hai pyar mein yoon hi kabhi,
Dil hai ki lagta nahin siwa tere kahin.
      Har pal teri yaad, tera khyaal dil mein,
      Tu hi neendon mein, khwaab mein, har meri saans mein.
Kabhi-kabhi teri yaad mein,
Darr sa jaata hoon es ajab khyaal se.
      Kahin tum mujhse juda na ho jaao
      Paas aate-aate mere, kahin chhup na jaao.
Reh-rehkar meri saansein rook si jaati hain,
Ek ajib khauff se dhadkanein thum si jaati hain.
      Nazar na lage kisi ki es pyar ko,
      Duaein karke nahin thakta main raat ko.
Badle mein chaahe meri saansein le le tu,
Mera yaar bus mere paas de de tu.

∞ ∞ ∞

«« *Khoke fir pane ko chahoon* »»

28-12-1999

Kyon hota hai aisa
    ki jab tum door hoti ho,
        to lagta hai aisa
            ki tum mere dil ke aas-paas ho.
Phirr kyon hota hai aisa
    ki jab tum mere paas hoti ho,
        to lagta hai aisa
            ki jaise tum mujhse door baithi ho.
Kyon hota hai aisa
    ki jab tum meri nazaron se ojhal hoti ho,
        to dil chaahta hai aisa
            ki taud ke saare bandhan, tere paas aa jaaon.
Phirr kyon hota hai aisa
    ki jab tum meri nazaron mein rehti ho,
        to dil karta hai aisa
            ki khoke ek baar phirr paane ko chaahoon.

∞ ∞ ∞

«« Jaroori »»

13-1-1993

Kya mohabbat itni jaroori hai,
Na zamane ki parwah, na apni khabar koi,
    Yah befikri kya mohabbat mein itni jaroori hai
Ghut-ghut ke aahein bharte ho,
Kyun yah aisi haalat hai tumhari,
    Yah aahein kya mohabbat mein itni jaroori hai.
Yah anand, yah befikri, yah noorani chehra,
Tumhare liye zindgi sirf pyar ka naam hai,
    Asaliyat se doori kya mohabbat mein itni jaroori hai.
Sanam dhokha de gaye to kya zindgi to baaki hai,
Uski bewafai pe kyun itna mayoos hote ho,
    Yah mayoosi kya mohabbat mein itni jaroori hai.
Beeti baatein kyun yaad karte ho,
Kaise deewane ho abhi bhi unka intzaar karte ho,
    Yah intzaar kya mohabbat mein itna jaroori hai.

∞ ∞ ∞

«« Ehsaas »»

30-9-1999

      Sitaron ke sung aakash ki tarah,
      Zindgi ke sung swas ki tarah,

      Pushap ke sung suwas ki tarah,
      Sache pyar ke sung viswash ki tarah,

Aabhaas karo tera pyar sadaiv tere aas-paas hai.

      Teri latton mein bheeni si khushboo ki tarah,
      Hothon ki surkhiyon pe muskaan ki tarah,

      Band aankhon mein sapnon ki tarah,
      Tere kaano mein khanakti awaz ki tarah,

Jo tum mehsoos karti ho wo, mera hi ehsaas hai.

      Aanchal mein sustaati chhao ki tarah,
      Khulee aankhon mein roshni ki tarah,
      Failee banchho mein aalingun ki tarah,

Shaayad tumko nahin iska pta, mera dil tere paas hai.

Credits: Adapted from or built upon an anonymous work from an unknown source in late 1980s.

«« *Jajbaat* »»

16-1-1993

Bahut khushi hoti hai to aansoon nikalte hain,
    Jab bahut gum hota hai to aansoon nikalte hain
        Bahne lage bin baarish ke,
            Bheeg jaayein jisse, yah wo barsaat hai.

Dil le lo, dil de do, aksar kehte hain deewane,
    Puchha unse ki yah dil kya cheez hai aakhir,
        Kaha unhone hanskar ki yah wo shai hai
            Jo tumhari hai par kisi aur ki amanat hai.

Pyar-mohabbat sabhi kehte hain, sabhi karte hain,
    Puchha bhai! Pyar kya cheez hai aakhir,
        Kehne lage yah wo jazba hai
            Jo qayamat se shuroo hua aur abhi bhi qayamat hai.

Wo mera dost hai, main uska dost hoon,
    Puchha unse – Bhai! Yah dosti cheez kya hai aakhir,
        Jo jab tak nahin hota, keh nahin sakte kya hai,
            Jab ho jaaye to pta chalta hai, yah kaisa tallukat hai.

Yah mohabbat, yah dil, yah dosti,
    Kya jaroori hai zindgi ke liye,
        Kehne lage ……. "Yah kuchh mera, kuchh tera wahm."
        Esi wahm par to yah kaynaat hai.

Part Eight

Jab... Tootna Hi Tha Isko Ek Din
When... It was destined to hurt one day

«« Sahaara »»

19-4-1993

Yah gum to hai magar sah lenge
    Gum se ghabrana kaisa, yah har baar mila.
Mere dil ke jazbaat na jaane koi
    Koi bhi aisa na mila

Tadfa hoon kis tarah se bahuton ke liye
    Kabhi kisi dil mein apnapan na mila.
Kisi apne ko hzaron ki bheed mein dhoondta raha
    Saath rahe sada, koi aisa na mila.

Mitt gaye mere sapno ke aashiyane
    Pyar ke badle mein gum sau baar mila.
Tumko dekha to mere dil ne kaha
    Ek humdard hai tujhmein mila.

Uthi na teri nazar kabhi mere liye
    Uthi to har baar prayapan mila.
Paas baith lete do pal hi tumhare
    Muqaddar aisa bhi kahan humko mila.

Humko samajh na paai ho tum
        Phirr bhi tumsa koi nahin hai mila.
Yaad karoge humein kabhi gairon ki tarah
        Itna bhi bharosa tumhara na mila.

Jiye ja raha hoon yaadon ke sahaare
        Jeene ka yahi to ek sahara hai mila.

∞ ∞ ∞

«« Shaayar »»

Log kehte hain Achha! To tum shaayar ho
To phirr jaroor gumgeen honge,
Seene mein gumon ki bahutayat
aur adhure dil ke armaan honge.

Kehte hain wo hothon pe chaahe tere muskaan ho
Ander se tumhare aansoon ubal rahein honge,
Kehte hain khud se khaffa huye baithe hai
Kisi ko samajhate kya honge.

Mujhse suno! Gum aate hain, jaate hain
Jo dil mein sanjokar rakhte hain, wo log nadaan honge,
Dil mein hansne-hansaane ka armaan hain
Tumne kya socha tha, shaayar aise insan honge.

Hothon par inke khelti hai muskaan
Dil mein chaav aur khush armaan honge,
Wahm hai tumhara ki shaayar bade gumgeen honge
Sirf gumon ko hi shabdon mein likhne ke mahireen honge.

∞ ∞ ∞

«« Deewane logh »»

12-2-1993

Tere pyar mein toot kar kahan jaayein hum,
Jaane kya log puchhe, jaane kya samajhaye hum.
Mana aur bhi aayenge tumse pyar jtane log,
Kaun bhla yoon chaahega, jaise chaahte hai tujhko hum,
Mohabbat bhare dil ko thukra rahe ho
Es duniya mein kahan jaaye dil ko samajhane hum.
Bahut dard hai es dil mein,
Tumhi btaao kahan jaaye apna afsana sunaane hum,
Har nazar pe, nazar tiki hai logon ki,
Uthkar teri galiyon se kahan jaaye aansoon bahaane hum.
Achha hua kaam aa gayi deewangi mere,
Warna kahan jaate zamane ko samajhane hum.

> Credits: Adapted from or built upon an anonymous work from an unknown source in late 1980s.

∞ ∞ ∞

«« Main kya karoon »»

2-1-1993

Chhodo es mohabbat mein kya rakha hai,
    Kehte hain log humein yah rog ho gya hai
        Aap hi iski dwa hai
            Aap na samjhe to main kya karoon.

Kya kehte ho kisi aur se lga lo dil,
    Tumsa nazar bhi to aaye doosra koi mujhe.
        Socha tha ab na yaad tumko karenge,
            Kumwakht dil hi na samjhe to main kya karoon.]

Abhi to aakhiri jhalak baaki hai teri,
    Abhi kyon chhlak aaye teri yaad mein aansoon,
        Kisko sunaye dastan apni
            Jo tumse na kah ska, zamane se kya kahoon.

Part Nine

Jab... Usko Jana Hi Tha Aakhir
When... Goodbye was the only choice

«« Jaan! Ja magar »»

31-7-2000

A Jaan! Jaa magar, hawa ke jhonke ki tarah
Idher se guzar jaroor jaana kabhi.

Teri kuchh pal ki thandak ki chaahat mein
Hum to baithe honge yahi.

Aanchal ko sambhale rakhna
Fisla jo agar, aas-paas maine hona nahin.

Latt jo bikhregi kabhi,
Hawa mein mere saprsh ka ehsaas hoga to sahi,

Yaadon mein bikher kar smeta hai tumhe
Hume smet kar tum yaadon mein bikherna nahin.

Chaand jab aaye Eid par,
Uske sung chhote se sitare mein mujhe dekhna bhool jaana nahin.

Kehne ko shabd kum hain, mohabbat jyada hai,
Barsi khoob jo aankhon se abhi.

Yah bheega-bheeha sa khat,
Dekhna rookha rah jaaye na kabhi.

∞ ∞ ∞

«« *Id par chaand jab nikaley* »»

31-7-2000

Na seemaon ka bandhan
      Na bandhan mein koi seema ho,
Na seemaon ki koi chinta
      Na khone ki parwah ho,
Darr ka na koi saathi,
      Na saathi ko koi darr ho,
Shikwa ho ya shikayat ho
      Na khaffa phirr bhi yaar ho,

Dua karta hoon pyar yoon hi rahe humesha
      Na milne ke kum aas ho,
Aas kum ho jaaye to
      Har pal pyar aas-paas ho,
Eid par chaand jab nikle to
      Sung sitare mein mere aks ka ehsaas ho,
Gar sitara na bhi mil paaye to
      Chaand ki chandni tum par aaftab ho.

Tamannao mein sapne hon
      aur sapno mein tamannaein,
Adhoori jo rah jaaye tamannaein
      Phirr bhi na sapne toot jaayein,
Huye toote sapnon par udaasi
      Na udaasi mein dil tootne paaye,
Na raaton ki koi uljhan ho,
      Gar dishayein apni jagah se hil bhi jaayein.

Raaste ulajh bhi jaayein to
      Na manzilon ko bhool paayein hum,
Manzilein badal bhi jaayein to
      Na zindgi se khaffa hona tum,
Saath mil na paoon
      Na akeli mehsoos karna tum,
Akeli ho bhi jaao to
      Apne sapnon ko poora karna tum.

∞ ∞ ∞

«« Ek sapna »»

26-8-1998

Nahin yaad ki yah sab sach hai
ya phirr koi avishwasniy sapna hai.

Doob raha tha andhkarmay pataal mein
Ek alaukik prakash-sa phoota kahin se.

Chamatkar-sa hua dhundhle andhere mein
Ghere huye use chundhiya dene wali kiranein,

Chaandi rung ki apsara, chamakti chanchl aankhein liye
Ek ladki ki chhvi ujagar huyee ujjawal kaya liye.

Jaise haule se tairati huyee
Mere paas aati prateet huyee.

Dil ki dhadkanein jaise thum-si gayi
Jab wo hawa ke jhonke ki tarah mere paas aayi.

Koi aur nahin, wo meri pyari jaan hi thi
Jiski Masoom hansi mein abhi bhi wahi taazgi thi.

Laakhon dilon ko jeetne ki kshmta thi jisme
Wo aakarshak aroma abhi bhi thi usme.

Apne komal haathon se mujhe uthkar
Kaha ………. 'aayi hoon tere paas teri deewangi dekhkar'.

Kaash! Ki samay ka chakr thum jaata
Main yoon hi behoshi ki haalat mein rah paata.

Phirr ek jhonka vipreet disha mein baha
Sung us chhvi ko bhi udaata le gya.

Jaate-jaate kaha usne, har-pal tere sung rahoongi main,
Teri yaadon mein, teri saanson mein basoongi main.

∞ ∞ ∞

«« Pareshan hoon main »»

6-4-1993

Sunane mein aaya hai wo door humse chale gaye
Zudaai ka nashtar humare seene mein chubho gaye.
Magar dil kumwakht maanta hi nahin
Dil ke paas wo baithe hai, door kaha se ho gaye.

Abhi to aakhiri jhalak baaki hai teri,
Abhi kyon chhalk aaye teri yaad mein aansoon,
Main tumse kya kahoon, main kisi se kya kahoon
Jo unse na kah ska, zamane se kya kahoon.

Apni haalat ka bhi ehsaas nahin mujhe
Log kehte ki preshaan hoon main,
Laakh koshish kar raha hoon, hansne-hunsane ki
Phirr bhi log kehte hain, gumgeen hoon main.

Aaj to jaise maano duniya hi badal gayi ho,
Koi hansi, koi mja baaki nahin raha.
Aansoon nikalne ki koshish kar rahe the
aur main zabran hansne ki koshish mein raha.

Meri nazar par nazar tiki hai zamane ke yoon,
Tere gum mein, kahan jaayein aansoon bahaane hum.
Chalo achha hua teri deewangi kaam aayi mere,
Varna kahan jaate zamane ko samajhane hum.

Kya kehte ho kisi aur se lga lo dil,
Us sa nazar bhi to aaye doosra koi mujhe.
Socha tha ab na yaad karenge usko,
lekin yah dil majboor karta hai baar-baar mujhe.

Jab bhi maine dil lgaya, humesha hi sadme uthaye,
Jab bhi hansa sabko hunsaane, aankhon aansoon aaye sab.

Vah chali gayi baadlon ke us paar,
lekin meri yaadon mein janam liya hai usne ab.

∞ ∞ ∞

Part Ten

Jab... Sirf Yadon Ka Saath Tha
When...Your memories remained

«« *Woh haseen pal* »»

1994

Kho jaate kaash hum dono
usi haseen pal mein,
Smeta tha jab mujhe tumne
apni baahon ki narmiyon ke bandhan mein.
Yaad aate hain wo pal, wo raat,
wo aks meri aankhon mein,
Machal jaata hoon tujhe,
apni zindgi mein laane ki tamanna mein.

Jab teri garam baahon ke aagosh mein
khud ko bhool gya main,
Ek sukoon tha, ek chain tha,
jaise manzil ki god mein aa gya main,
Tere badan ke khushboo mein
kho-sa gya main,
Tujhe apni zindagi mein paake,
na jaane kya se kya ho gya main.

Tanhaai mein, sunnate mein,
wo dil ki dhadkano ki awaz thi bus,

Teri dhadkano se
meri dhadkano ka pyar sa tha bus.
Pighalte-pighalte yoon pighle
khamoshi ke badal bus,
Na jaane kab se toofan,
hum dono ne dil mein chhupa rakhe the bus.

Kaash yoon ho sakta ki
wo pal rook jaata,
Na dil badalte, na raatein,
na yoon saal badalta,
Saal bhar yoon es din ka intzaar na rahta,
Na yoon waqt badalta,
na tere intzaar mein dil bekraar hota.

Aaj vahi dil hai,
vahi pal hai,
Tere paas hone ka ehsaas,
tera mera hone ka ehsaas hai.
Zindgi mein tamanna
koi aur nahin bus, pyas hai,
Tere aseemit pyar ki,
tere saath ki pyas hai.

∞ ∞ ∞

«« Teri yadein »»

7-8-1998

Bachpan ki wo pyari-si yaadein
    aur unmein uska chehra,
        Us pyare chehre pe pyari-si
            Mand-mand muskaan
                Mere liye chamak jaati thi wo.

Aane wale kal ke sapno se
    Bojhil gehri aankhein,
        Wo haathon ki harkat
            Kaash! main pakshi hoti sudoor aasman mein
                Ud jaati aisa kehti thi wo.

Ek nayi duniya bnaane ki
    Apne khayalon ko rachaane ki,
        Tamanna jhalakti thi uski baaton mein,
            Sabhi bandhno ko tod dene ki,
Teri khwahish yaad aati hai wo.

Chhupkar sabki nazaro se mere paas aana,
    Ghanton baithna baaton mein gumm ho jaana,

Sapno ki yaadon mein kho jaana,
Bekraar kar jaati thi,
Jab satkar mere paas baith jaati thi wo

Mere haathon ki haath mein lekar,
Apna vishwash jtana,
Varshon baad ab samajh aaya
Wo udna chaahti thi tez hawa ke sung,
Sang-sang mujhe liye ud jaati wo.

∞ ∞ ∞

«« Bus yadein bakee hain »»

9-8-1998

Haathon ko haath mein,
    Aankhon mein aankhein daal ke
        Tera wo sharmana
            aur palakein jhukana,
Wo kuchh pal sab yaad hain.

Jab pehli baar maine,
    Tere surkh hothon ki narmiyon ko chooma,
        Tere hothon ke ras ka asar,
            Abhi bhi hai mere hothon par,
Wo kuchh pal sab yaad hain.

Bheege-bheege mausam ki,
    Adhoore milan ki baatein,
        Khushboo hai tere badan ki,
            Abhi tak mere saanson mein,
Wo kuchh pal sab yaad hain.

∞ ∞ ∞

«« *Varshon beet gaye* »»

24-8-1998

Lagta hai dino ho gaye sab-kuchh bhula kar
Ek-doosre ke paas baithe huye,
Varsho beet gaye hon jaise
Dukh-sukh ko baante huye.

Wo anmol rattano jaise pal
Jab prem mein bhi halki-si kasak thi,
Bachpan ki masoom athkheliyan
Ek ras tha halka-sa narazgi mein bhi.

Apne ghar ke jhagde mein
Nisthur hona phirr kabhi na milne ke liye,
aur agale hi kshan mein
chht par baithna haathon mein haath liye.

Milkar mujhse tera yoon
Bahaaron ki tarah khilkhilakar hansna,
Kabhi apni sagar-si aankhon se
Motiyon jaise ashru lekar mann ki vytha sunana,

Varshon jo bitaaye the
Tere sung ek anandit aavaran ke neeche,
Sung-sung sapno ke
Anmol pushp jo humaari ichhaon ne seenche.

Manspatal par chamak kar,
Kabhi deti hai prasannta, kabhi udaasi-si
Saanson ka sambandh jeevan se jaise,
Mujhse judi wo yaadein, wo baatein, wo anubhootiyan-si

Jeevan ki daud mein
Lagta hai bahut aage kahin nikal aaya hoon,
Tera vichaar aate hi
Mann kehta hai, kuchh pichhe chhod aaya hoon.

Uljhan bhare jeevan mein
Nahin milta kahin se apnapan ka ehsaas,
Mann kehta hai baar-baar
Kaash! tum hoti mere aas-paas.

Door rahkar hi tumse
Samjha hai ek jaana-pehchana sa anubhav maine,
Har pal paas tha mere
Dhoondhne ke liye jise hzaron raah dekhe maine.

Tum hi to thi
Jo meri aatma ki awaz sun sakti thi,
Bin shabdon ke
Mere mann ke baatein mujhe suna sakti thi.

Chalo phirr kahin chalte hain
Inn uljhano ke bhanwar se pare,
Mann ki tahein khul jaayein
Ek aise naye gagan ke tale.

∞ ∞ ∞

«« Woh pyar hi toh tha »»

7-2-1993

Kitne pyar se bulaati thi tum,
      Kitni hasrat se dekha karti thi mujhe,
Koi es tarah se mila nahin kabhi,
      Jis chaahat se milti thi mujhe.

Ajeeb hoon main bhi shaayad, thoda paagal
      Thoda sarfira keh sakti ho mujhe,
Pyar ke liye bhatakta raha idhar-udhar,
      Pehchan na paya, jo pyar tum karti ho mujhe.

Kabhi samajh nahin paya, khamosh hothon ki zubaan
      Yah aankhon ki chamak kabhi aise to na lagi thi mujhe,
Es nihaar ka, es apnapan ka
      Kabhi matlab hi samjh mein nahin aaya mujhe.

Saath mere to tum bahut pehle se ho,
      Lekin zindgi itni haseen to kabhi lagi nahin mujhe,
Shikayat to hai ki kyun chhupati rahi ise,
      Itna pyar, itni mohabbat jo tum de rahi ho mujhe.

Kitni der es pyar ko tarsa,
    Bus ab wo sab bhula lene do mujhe,
Jo khamosh mohabbat baithi hai tumhare ander,
    Us mohabbat mein bus kho jaane do mujhe.

∞ ∞ ∞

«« Lamhe »»

9-1-1993

Tumhe paane ki zidd thi kabhi
Apna bnaane ke chaahat thi kabhi,
Tum kabhi to aaoge, hum intzaar kareinge.

Phoolon ki mahak hai hi kya,
Es dil mein chaman ki bahaarein hain,
Thukra di chaahe! Hum phirr bhi khush izhaar kareinge.

Kin khayalon mein khoya chla ja raha hoon,
Shaam ho chali hai, waqt guzra ja raha hai,
Socha na tha ki es tarah bhi waqt guzaara kareinge.

∞ ∞ ∞

«« *Abhi tak* »»

10-1-1993

Wo tera milna, tera bichhudna yaad hai abhi tak,
Wo tera aana, wo tera chale jaana yaad hai abhi tak.

Wo tera rooth jaana, wo tera roosva hona
Wo humara mnana, tumhara itraana yaad hai abhi tak.

Wo tera sharmana, wo tera rook-rook ke kuchh kehna,
Wo tera izhaar, tera pyar yaad hai abhi tak.

Wo tere vaade, wo teri kasamein,
Main nahin bhoola, tumhe bhool jaane ka haq hai abhi tak.

Wo teri hansi, wo tera muskurana,
Teri khikhilahat goonjti hai es dil mein abhi tak.

Na wo din rahe, na wo raatein aayeingi
Magar unhi dilon ki chaahat hai abhi tak.

Kya haseen pal the, haseen zindgi thi,
Un haseen lamhon ki yaad baaki hai abhi tak.

Kehne ko bahut kuchh tha, jo ye aankhein keh deingi
Jinme ek barsaat hai abhi tak.

∞ ∞ ∞

Part Eleven

Jab... Kash Kahin Aisa Hota

When... Wish it were so

«« *Ud chaloon baapis* »»

20-8-1998

Dil kehta hai aksar mera,
      Ud chloon vaapis usi zannat mein,
Jahan par panchhi bar kar
      Udne ke khwahish uthi thi mann mein.

Khushboo bula rahi hai mujhe
      Phirr ek baar us mitti ki,
Jahan har phool, har patti
      Lagti thi mujhe apni si.

Maidaan ke beechon-beech ki pagdandi
      Wo raaste mere kadamon ki aahat pehchante the,
Gungunahat sunaai deti thi
      Jab suhaani hawa ke jhonke bahte the.

Mera wo chhota sa karma
      Saare jahan ki sanjeevta smete huye,
Hzaron zindgiyon ki mahak
      Hzaron yaadein sung-sung smete huye,
Har taraf apne mehboob ki jhalak

Maano abhi utar aayegi pal mein,
Har taraf lipti garmahat ka ehsaas
    Dooba hua bheeni si khushboo mein.

Saare jahan ki khushiyan batori thi maine
    Ek chain, ek sukoon tha,
Hzaron sapne sanjoye the maine
    Zindgi ek pyara sa ehsaas tha.

Kuchh chhod aaya tha wahan
    Ladakpan ka wo daba sa pyar,
Wo saari baatein, wo saari yaadein
    Wo mere dost, mere pyare yaar.

Wo khula aasman, timtimate taaron ke sung
    Bulaata tha rah-rah kar mujhe,
Chaahat thi jis par
    Chaand ki tarah chamakne ki mujhe.

Dil chaahta hai usi chaurahe par baithoon
    Puchhoon jaakar wahan ke aasman se,
Toota hua tara bna diya
    Mujhe chaand banne ki tamanna ne.

∞ ∞ ∞

«« *Char diwari* »»

20-8-1998

Kaash! Main humesha us jagah par rah paata
Apne sapno ki duniya mein khoya hota.
Haseen khayalon ki duniya mein khoya hota,
Kam se kam toote huye sapno ka manjr to na dekha hota.
Apni marzi se soya hota, marzi se utha hota,
Apne aap mein mast duniya se bekhabar hota.
Achha tha chain ki neend soya hota,
Kahin es tarah darr kar raaton ko na utha hota.
Bus akele-akele kitna santusht hota,
Es chinta se to door hi hota.
Na koi dukh, na kuchh dard hota,
Na ehsaas duniyadari se haar ka hota.
Kaash! Us ghadi ko kisi ne to btaya hota,
Bus! Us chaar-deewari se na baahar aaya hota.
Kaash ki waqt wahin ka wahin rook gya hota,
aur wahin-kahin waqt mein gum ho gya hota

∞ ∞ ∞

«« Socha tha maine »»

22-9-1998

Yah socha tha maine mann mein,
Kuchh karke jaroor dikhlayeinge.
Aam logon ki bheed mein,
Kuchh khaas bankar jaayeinge

Chalna tha kuchh raftaar se,
ki waqt humein chhoone ki tamanna karta.
Ek aise aasman ke tale,
Jahan mastiyon se bhra sma hota.

Kaamyabi ki manzilon ko paar kar,
Ek naya etihaas bnaane ko
Aaya tha main yahan yah tamanna kar,
Ek nayi pehchan bnaane ko

Socha tha saat samunder par karna hai,
Pehle zindgi thoda jee kar to dekh loon.
Sundarta ke manjr aur bhi hain,
Pehle kisi ko apna bnakar to dekh loon.

Jahan ki saari khushiyan smetkar,
Sab par lutaana chaahta tha main.
Main sabka aur sab mere yaar,
Apni hansi se hunsana chaahta tha main.

Talash thi ek aise kinare ki,
Jo toofan se ladne ki kiran dikhlaye.
Wo khwahish barkaraar hai abhi,
Jo varshon se chla tha saath liye.

Waqt kuchh aisa aaya hai, lagta hai kahin
Aam logon ki bheed mein gum gya hoon main.
Manzil bhi dhundhli si ho gayi hai,
Raasta bhi shaayad bhool gya hoon main.

Chaahe socha tha maine mann mein,
Kuchh karke dikhlayeinge.
Aam logon ke bheed mein,
Kuchh khaas bankar jaayeinge.

∞ ∞ ∞

«« *Woh shahar* »»

23-8-1998

A Hawa!
Kehna us shahar ki jameen se jaakar,
Main abhi bhi uski khushboo yaad karta hoon.

Wo chhota sa ghar
Par shaayad, yahan ke mahalon se achha tha
Ghar ki wo chht,
Jahan udne ki tamannaein pali thi.
Us ghar se,
Abhi bhi varsho puraani yaadein judi hain.
Un deewaron mein,
Mere kahi baatein abhi bhi dabi hongi.

A Hawa!
Kehna us ghar se jaakar,
Main abhi bhi usko yaad karta hoon.

Mere bachpan ki
Chhoti-chhoti haseen yaadein,

Muhalle ke dost,
Unke sung chhota-chhote khel,
Chhote-chhote jhagde.
Ek Roohani masti se bhare,
Mohalle ke wo logh
Garmahat bhra apnapan jinmein.

A Hawa!
Kehna us shahar ke logon se jaakar,
Main abhi bhi unko yaad karta hoon.

Mujhe yaad hai
Mere pehle school ki classein,
Jahan par mera,
Sacha bachpan panpa tha.
Wo bad ka ped,
Lagta hai abhi mujhe saya karta
Wo pyare class-mate,
Puchhte hain mujhse aakar bahut kuchh.

A Hawa!
Kehna us school ke ped-paudhon se jaakar,
Main abhi bhi unko yaad karta hoon.

Wo bachpan ki
Pyari si, apni si pehli dost,

Ghanton jiske saath
Apne sapno ko shabdon mein piroya.
Kuchh najook palon ko
Apne kal ke intzaar mein baanta,
Uska chori se
Mere paas aakar dil kholkar baatein karna.

A Hawa!
Kehna us ladki se jaakar,
Main abhi bhi usko yaad karta hoon.

Wo doosra school
aur ladakpan ka pehla pyar,
Chor aankhon se
jise har pal dekha karta tha main.
Hzaron khat likhe
Na de paya izhaar karne ko,
aur wo pyar
bus, dil mein daba sa rah gya.

A Hawa!
Kehna us pyar ko jaakar
Main abhi bhi usse pyar karta hoon.
Wo shahar,
Us shahar ki galiyan aur saare maud
Aur wo akela pool,

Meri tarah akela aur shaant sa khda tha
Jahan jaata tha,
Main aksar apni hi awaz sunne.
Wo bejaan cheezein
Wo mujhse kabhi baatein kiya karti thi.

A Hawa!
Kehna us shahar ki galiyon se jaakar
Main abhi bhi unko yaad karta hoon.

Wo dost,
Wo yaar, ve log, wo mera pyar,
Wo school,
Wo college aur wo sahpaathi.
Wo shahar ki
Galiyan, maud, chaurahe aur bejaan sadakein
aur unmein basi
Meri bhooli-bisri yaadein aur baatein.

A Hawa!
Kehna un sabse jaakar
Main abhi bhi unhe yaad karta hoon,
Koson door hokar bhi
Uski mitti ka mol samajhta hoon.

∞ ∞ ∞

«« Hum na samajh paye »»

20-4-1993

Yah haqikat hai ya fasana
Zindgi ko na hum samajh paaye.
Kabhi lage ki sach hai, kabhi saara jhooth hai,
Kya sach – kya jhooth, hum na dhoondh paaye.

Gum ke kaanton ko lekar humne,
Duniya par khushiyon ke phool barsaye.
Jab bhi maine dil lagaya,
Humesha hi sadme uthaye.

Jab bhi hansna chaaha sabko hunsaane,
Aankhon mein aansoon hi aaye,
Kas rahi hain ve dil ki adhoori hasratein,
Kaash! In hasraton ko kabhi maut aaye.

Gair ke liye luta diya sab-kuchh,
Us saude mein hum zindgi haar aaye,
Tumhe apna bnaane ki chaah mein,
Hum apne apno ko kho aaye.

Kya haqeeqat hai – kya fasana,
Esi uljhan ko hum na samajh paaye.
Kaun apna hai – kaun hai beghana,
Zindagi mein yeh hum kabhi na samajh paaye.

«« *Uljhan* »»

5-1-1993

Main uljhanein bnata hoon,
Main uljhanein suljhata hoon,
Uljhanein suljhate-suljhate,
Phirr nayi uljhan mein fas jaata hoon.

Uljhaane-suljhaane ke chakkar mein,
Main shaayad khud bhi ulajh jaata hoon,
Jismein uljha, phirr usse
Kabhi nikal nahin paata hoon.

Nikal bhi jaoon to phirr,
Uljhano ko apnata hoon.
Es zindgi mein main uljhano ke peechhe
aur kabhi unse aage bhaagta hoon.

Kabhi main uljhan ke aage,
Kabhi uljhan mere peechhe hoti hai.
In uljhano ke sadke humari itni,
Lambi zindgi yoon hi guzar jaati hai.

Zindgi jab khatam hone lagi to,
Ek aur nayi uljhan mein fas jaata hoon
ki zindgi mein kya kar paya main,
bus esi uljhan mein mar jaata hoon.

Main bhi kitna paagal hoon apni uljhano ke,
chakkar mein tumko bhi uljha deta hoon.
Main shaayad tumse kuchh kah raha tha
yah yaad karte-karte, ise teri uljhan bna deta hoon.

∞ ∞ ∞

«« Zindagi »»

11-4-1993

Khushi aur gum kuchh aisi cheezein hoti hain,
Jo na koi deta hai, na baahar se milti hai.
Yah zindgi ki chhoti-badi batein,
Jaise sochogi vaisi hi dikhti hain.
Yah to ehsaas hai jo
Ander se nikalti hain,
Dil se lga le to gumgeen lagti hai
aur mehsoos karein to zindgi haseen lagti hai.
Kabhi sab sach-sach lagti hai,
aur kabhi kuchh-kuchh jhooth lagti hai.
Kisi ke inkaar se dil toot jaata hai,
aur kabhi ya sab mamooli baatein lagti hain.
Badi mushkil se bhi dil ghabrata nahin,
aur chhoti si baaton ki bhi aah uthti hai.
Yah dukh, dard, bewafai ki baatein bahut kuchh hain,
Nahin socho to kuchh bhi nahin lagti hain.

∞ ∞ ∞

«« Nazzar ke chiraag »»

20-4-1993

Khiza bhi har jagah
ek si rahti hai aur bahaar bhi,
Ye nazar ke chiraag hain,
kahin jal gaye kahin bujh gaye.
Sapne hain sapne,
phirr bhi sapno mein hain adhoore armaan,
Sach ho gaye to dil ki choo gaye,
nahin to chubh gaye.
Kabhi hum waqt ke haathon mein
aur kabhi waqt humare haathon mein,
Waqt ke baatein hain sab,
kabhi gir gaye, kabhi chook gaye.
Zindgi mein kabhi niraash,
kabhi gumgeen, kabhi aasha,
Yah to safar mein hota hi hai,
kabhi chal diye, kabhi thak gaye.
Maud to hote hain
kuchh fisalne wale bhi, kuchh girne wale,
Kuchh hans kar chal diye,
kuchh uthakar chal diye.

Hzaron milte hain logh
kuchh apno ki tarah, kuchh gairon ki tarah,
Kuchh pyar ka bahaana kiye,
kuchh daga karke chale gaye.
Gum se pare hote hain
maud aur bhi khushi ke,
Roshni ke mukaam hote hain bahut,
kuchh bujh gaye — kuchh jal gaye.

∞ ∞ ∞

End Note

Jab... Isko Khatam Hona Hi Na Tha
When... It became endless and timeless

«« Tammanna »»

1-12-2000

Jab bhi unki ankhon mein paate the hum khud ko,
to sochte the yahi
Kaash! Es jheel ka koi kinara hota
to achha tha.

Roolati hai jab yaad unki, tab bhi aakar,
to sochte hai yahi,
Kaash! Unse dil na lgaya hota
to achha tha.

Darte hain jab bhi hum tanhaai ke, andhere se,
to sochte hai yahi,
Kaash! Koi humare bhi rubaroo hota
to achha tha.

Kar yaad un dino ko jo, guzaare the unke saath,
to sochte hain yahi,
Kaash! Wo din zindgi ke laut aate
to achha tha.

Paate hain jab bhi tanha khud ko,

to sochte hai yahi,

Kaash! Tum hi humari tanhaai hote

to achha tha.

Credits: Sent by Neeru H on Dec 2000, the original authorship/source of the poem is unknown. Author is indebted to the original poet for writing so great lyrics – an ideal end-note for this book.

Front cover: Honey, painted in the year 1998
Back cover: Face of Fantasy, painted in the year 1998
Portraits by Raman K. Attri
Front and back cover art by Raman K. Attri
Copyrights © 2019

From the same author

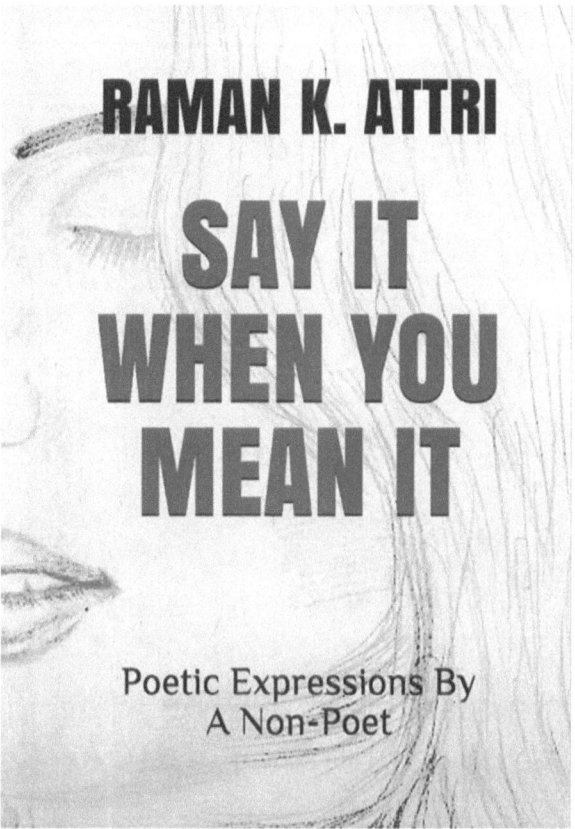

Say It When You Mean It
Poetic Expressions by A Non-Poet

Collection of poems in English
Available in Ebook and paperback formats
ISBN 978-981-14-0827-4 (ebook), 978-981-14-0828-1 (paperback)
Write to rayan-rayman@outlook.com to place the order

Kuch Kahi Kuch Ankahi Batein

Timeless Untold Expressions

Collection of poems in Hindi
Available in Ebook and paperback formats
ISBN 978-981-14-0826-7 (ebook), 978-981-14-0825-0 (paperback)
Write to rayan-rayman@outlook.com to place the order

www.ingramcontent.com/pod-product-compliance
Lightning Source LLC
LaVergne TN
LVHW041846070526
838199LV00045BA/1461